Kornelia Schlaaf-Kirschner

Mehrsprachiger Kriterienkatalog zum Beobachtungsbogen für Vorschulkinder

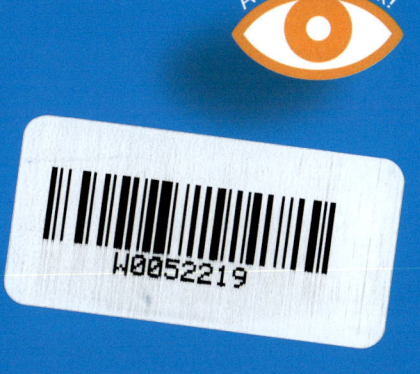

Auf einen Blick!

Verlag an der Ruhr

Impressum

Titel
Auf einen Blick
Mehrsprachiger Kriterienkatalog zum Beobachtungsbogen für Vorschulkinder
10er-Set mit Arabisch, Englisch, Französisch, Russisch, Türkisch, Ukrainisch

Autorin
Kornelia Schlaaf-Kirschner

Umschlagmotive
© Verlag an der Ruhr

Übersetzung und Lektorat
A. C. T. GmbH

Druck
Heenemann GmbH & Co. KG,
Berlin, DE

Verlag an der Ruhr
Mülheim an der Ruhr
www.verlagruhr.de

Hinweis:
Der Verlag an der Ruhr legt großen Wert
auf eine geschlechtergerechte und inklusive
Sprache. Daher nutzen wir bevorzugt das
Gendersternchen, um sowohl männliche und
weibliche als auch nichtbinäre Geschlechts-
identitäten einzuschließen. Alternativ verwenden
wir neutrale Formulierungen.
In diesem Buch verzichten wir dennoch auf
das Gendern. Dies ist eine Einzelfallentscheidung
aus didaktischen Gründen und ist in keinem Fall
ausschließend oder diskriminierend zu verstehen.

© Verlag an der Ruhr 2023
ISBN 978-3-83466-262-0

Inhaltsverzeichnis

1. Das Kind kann mit Ausdauer bei der Sache bleiben.
2. Das Kind kann seine Aufgaben bzw. Arbeiten ordentlich verrichten.
3. Das Kind kann sich auch in lauter Umgebung konzentrieren.
4. Das Kind kann das Wesentliche vom Unwesentlichen unterscheiden.
5. Das Kind nimmt Positionen von Gegenständen (hinter, vor, über etc.) wahr.
6. Das Kind kann Maßstäbe (groß/klein; dick/dünn) erkennen.
7. Das Kind mag es, wenn es im Gesicht berührt wird (waschen, kämmen, duschen).
8. Das Kind mag sanfte Berührungen.
9. Das Kind mag feste Berührungen.
10. Das Kind kann Berührungen lokalisieren.
11. Das Kind hat Schmerzempfinden.
12. Das Kind geht gern mit bestimmten Materialien um (Teig, Sand, Kleister etc.).
13. Das Kind nimmt Gegenstände mit der ganzen Hand.
14. Das Kind ist in angemessenem Maße aktiv.
15. Das Kind hat Orientierung im Raum.
16. Das Kind zeigt An- und Entspannung im Wechsel (Bewegung und Ruhe).
17. Das Kind schätzt seine Kraft beim Spiel mit anderen angemessen ein.
18. Das Kind kann Gefahren abschätzen und entsprechend handeln.
19. Das Kind sucht auf angemessene Weise körperlichen Kontakt.
20. Das Kind zeigt angepasste Gleichgewichtsreaktionen.
21. Das Kind bewegt sich gut in hügeligem/unebenem Außengelände.
22. Das Kind nimmt aktiv an sonstigen Aktivitäten teil.
23. Das Kind bleibt bei Herausforderungen gelassen und ruhig.
24. Das Kind tut Dinge effektiv und überlegt.
25. Das Kind hat eine angemessene Muskelspannung.
26. Das Kind findet Räume in seiner vertrauten Umgebung wieder.

Soziale und emotionale Kompetenzen

27. Das Kind zeigt emotionale Offenheit.
28. Das Kind nimmt Rücksicht.
29. Das Kind ist hilfsbereit.
30. Das Kind sagt, wenn es etwas möchte.
31. Das Kind setzt sich mit anderen Kindern auseinander.
32. Das Kind integriert sich in seine Gruppe.
33. Das Kind hat die Fähigkeit, im Team zu arbeiten.
34. Das Kind bildet Freundschaften und pflegt sie.
35. Das Kind achtet fremdes Eigentum.
36. Das Kind achtet auf seine Sachen.
37. Das Kind spielt mit verschiedenen Kindern.
38. Das Kind verhält sich in Konfliktsituationen kooperativ.
39. Das Kind kann nicht eindeutige Situationen aushalten.
40. Das Kind kann seine Wünsche und Bedürfnisse zurückstellen.
41. Das Kind kann Gefühle wie Wut, Ärger, Freude usw. benennen.
42. Das Kind kann sich sprachlich streiten.
43. Das Kind ergreift Partei für andere Kinder.
44. Das Kind kann mit anderen Kindern kooperieren.
45. Das Kind ist in der Lage, sich an Regeln zu halten.
46. Das Kind verhandelt bei Bedarf eigene Regeln.
47. Das Kind erträgt die Ablehnung von Wünschen.
48. Das Kind zeigt Konfliktlösungen auf.
49. Das Kind kann sich gefühlsmäßig in die Lage eines anderen Kindes versetzen.
50. Das Kind kann sein eigenes Handeln reflektieren.
51. Das Kind übernimmt Verantwortung für andere Kinder.
52. Das Kind zeigt Flexibilität in neuen Situationen.
53. Das Kind besitzt ein positives Selbstbild.
54. Das Kind freut sich auf die Schule.
55. Das Kind führt Aufgaben ohne ständiges Feedback aus.

56. Das Kind spielt mit Fantasie, hat Ideen.
57. Das Kind kann seinen Namen und seine Adresse nennen.
58. Das Kind benennt Farben.
59. Das Kind puzzelt – mindestens 20 Teile.
60. Das Kind entwickelt Lösungsstrategien.
61. Das Kind versteht Anweisungen, ein Rezept oder eine Anleitung.
62. Das Kind strengt sich an, Aufgaben zu bewältigen.
63. Das Kind wendet sich über einen angemessenen Zeitraum einer Tätigkeit zu.
64. Das Kind geht mit Leistungsanforderungen positiv um.
65. Das Kind kann Körperteile benennen.
66. Das Kind zeigt bei seinen gemalten Bildern eine Strukturierung.
67. Das Kind zeichnet einen Menschen.
68. Das Kind malt Bilder mit „Röntgenblick".
69. Das Kind spielt ausdauernd Rollenspiele mit anderen Kindern.
70. Das Kind behält die Übersicht im Gruppengeschehen.
71. Das Kind zeigt deutlich ein Streben nach Selbstständigkeit.
72. Das Kind entwickelt eigene Ideen und setzt diese um.
73. Das Kind ist an aktuellen Themen interessiert.
74. Das Kind kann sich gut und ausdauernd konzentrieren.
75. Das Kind plant und gestaltet ein Projekt aktiv mit.
76. Das Kind ist bereit, sich auf Neues einzulassen.

Alltagskompetenzen

77. Das Kind geht selbstständig zur Toilette.
78. Das Kind putzt sich die Zähne.
79. Das Kind säubert seine Hände/seinen Mund von Nahrungsmittelresten o. Ä.
80. Das Kind ist in Alltagshandlungen geschickt.

81. Das Kind kennt Verkehrsregeln und setzt diese um.

82. Das Kind übernimmt Aufgaben im Gruppenalltag.

83. Das Kind beherrscht den Umgang mit Medien.

84. Das Kind kann seine Sachen weg- bzw. einräumen.

Motorische Kompetenzen

85. Das Kind steigt Treppen hinauf und hinunter.

86. Das Kind zeigt Bewegungsfreude.

87. Das Kind benutzt Spielgeräte.

88. Das Kind ist grobmotorisch gewandt.

89. Das Kind ist feinmotorisch geschickt.

90. Das Kind schneidet mit der Schere.

91. Das Kind klebt.

92. Das Kind zeichnet bzw. malt.

93. Das Kind kann Perlen unterschiedlicher Größe auffädeln.

94. Das Kind greift kleine Gegenstände sicher.

95. Das Kind balanciert auf einer Linie.

96. Das Kind tritt mit dem gesamten Fuß auf und rollt ihn ab.

97. Das Kind klettert.

98. Das Kind hüpft.

99. Das Kind kann zehn Sekunden auf einem Bein stehen.

100. Das Kind schaukelt sicher.

101. Das Kind steigt über Gegenstände, ohne sich festhalten zu müssen.

102. Das Kind zeigt sich geschickt, wenn es z. B. ausweichen muss.

103. Das Kind passt seine Bewegungen bewusst der Situation an.

104. Das Kind zeigt Bewegungsübergänge (schnell/langsam).

105. Das Kind ertastet Formen und Materialien.

106. Das Kind knetet Figuren.

107. Das Kind kann einen Schlüssel in einem Türschloss in beide Richtungen drehen.

108. Das Kind gießt in einen Becher ein.

109. Das Kind kann rückwärtslaufen.

110. Das Kind unterscheidet zwischen Gehen und Laufen.

111. Das Kind fängt einen Ball mit beiden Händen.

112. Das Kind ist beim Spiel und beim Sport geschickt.

113. Das Kind setzt seinen Körper entsprechend seinem Alter ein.

114. Das Kind kann eine Schleife binden.

115. Das Kind schreibt seinen Namen o. Ä.

116. Das Kind zeigt bei komplexen Abläufen eine gute Koordination.

117. Das Kind schafft es, sauber auszumalen.

Mathematische und naturwissenschaftliche Kompetenzen

118. Das Kind erkennt geometrische Formen.

119. Das Kind kann Dinge nachbauen.

120. Das Kind benennt geschriebene Zahlen.

121. Das Kind ordnet Mengen und Zahlen zu.

122. Das Kind geht spielerisch mit Zahlen um.

123. Das Kind beherrscht die Zahlwortreihe bis 20.

124. Das Kind vervollständigt Muster.

125. Das Kind berücksichtigt beim Malen Größenverhältnisse.

126. Das Kind kann Formen und Gegenstände in unterschiedlicher Darstellung erkennen.

127. Das Kind beobachtet die Natur.

128. Das Kind erkennt Naturphänomene und beschreibt sie.

129. Das Kind ist an Experimenten interessiert.

130. Das Kind kann Tiere benennen.

Sprachliche Kompetenzen

131. Das Kind hat Interesse an Büchern.

132. Das Kind reagiert auf Zuruf.

133. Das Kind reagiert auch bei lautem Gruppengeschehen.

134. Das Kind kann die Richtung von Geräuschen angeben.

135. Das Kind erklärt, was es spielt.
136. Das Kind versteht Inhalte und Zusammenhänge in einer Geschichte.
137. Das Kind erkennt bekannte Wörter, Buchstaben
    (Nomen, die in Großbuchstaben auf Plakate gedruckt sind).
138. Das Kind kann eine kurze Geschichte nacherzählen.
139. Das Kind verwendet die Artikel der, die, das angemessen.
140. Das Kind bildet Mehrwortsätze.
141. Das Kind stellt W-Fragen.
142. Das Kind verwendet auf, unter, neben usw. korrekt.
143. Das Kind beherrscht komplexe Sprachstrukturen.
144. Das Kind benennt Gegensätze.
145. Das Kind bildet Laute fehlerfrei.
146. Das Kind kann Gespräche führen.
147. Das Kind ordnet Bezeichnungen Oberbegriffen zu.
148. Das Kind fragt nach Wortbedeutungen.
149. Das Kind wendet grammatikalische Grundregeln an.
150. Das Kind spricht deutlich.
151. Das Kind erzählt Erlebnisse in logischer und realistischer Reihenfolge.
152. Das Kind unterscheidet Laute und Silben.
153. Das Kind kann einfache Reime nachsprechen und ergänzen.
154. Das Kind erkennt Reimwörter.
155. Das Kind zeigt Freude an der Sprache.
156. Das Kind bezieht sich bei wir mit ein.
157. Das Kind zeigt Interesse für Buchstaben und Zahlen.
158. Das Kind kann „Wenn-dann-Fragen" beantworten.
159. Das Kind weiß, was mit rechts und links gemeint ist.
160. Das Kind kann einfache Aufträge ausführen.
161. Das Kind kann mehrere Handlungsaufträge der Reihenfolge
    nach erfüllen.
162. Das Kind kann komplexe Aufträge ausführen.
163. Das Kind hat einen umfassenden Wortschatz und kann ihn
    entsprechend anwenden.

1. الطفل يستطيع مع المثابرة أن يستمر في الأمر.
2. الطفل يستطيع القيام بواجباته أو أعماله بشكل صحيح.
3. الطفل يستطيع التركيز حتى في بيئةٍ صاخبة.
4. الطفل يستطيع تمييز الضروري من غير الضروري.
5. الطفل يدرك مواضع الأشياء (خلف، أمام، فوق، إلخ).
6. الطفل يستطيع التعرف على المقاييس (كبير/صغير، سمين/نحيف).
7. الطفل يحب لمس وجهه (أثناء الغسيل، التمشيط، الاستحمام).
8. الطفل يروقه اللمسات الناعمة.
9. الطفل يروقه اللمسات القوية.
10. الطفل يستطيع فهم اللمسات.
11. الطفل لديه شعور بالألم.
12. الطفل يحب التعامل مع مواد معينة (مثلا للعجين، الرمل، الصمغ، إلخ).
13. الطفل يلتقط الأشياء بكامل يديه.
14. الطفل نشط بشكل معقول.
15. الطفل لديه اتجاه في محيطه.
16. الطفل يُظهر الجهد والاسترخاء بالتناوب (الحركة والراحة).
17. الطفل يقدّر قوته بشكلٍ مناسب عند اللعب مع الآخرين.
18. الطفل يستطيع تقييم الخطر والتصرف وفقًا لذلك.
19. الطفل يسعى إلى الاتصال الجسدي المناسب.
20. الطفل يُبدي ردود فعلٍ متوازنة بشكلٍ مناسب.
21. الطفل يتحرك بشكلٍ جيدٍ في المناطق ذات التضاريس الجبلية المفتوحة و غير المستوية.
22. الطفل يشارك بفاعلية في أنشطة أخرى.
23. الطفل يظل هادئًا ورصينًا في مواجهة التحديات.
24. الطفل يفعل الأشياء بشكل فعّال ورصين.
25. الطفل لديه قوة عضلية كافية.
26. الطفل يعثر على فراغات في محيطه المألوف.

27. الطفل يُظهِر انفتاحًا عاطفيًا.
28. الطفل يكترث للآخرين.
29. الطفل مستعد للمساعدة.
30. الطفل يتكلم، عندما يريد شيئًا.
31. الطفل يتفاعل مع الأطفال الآخرين.
32. الطفل يندمج في مجموعته.
33. الطفل لديه القدرة على العمل ضمن فريق.
34. الطفل يكوّن صداقات ويحافظ عليها.
35. الطفل يراعي ممتلكات الغير.
36. الطفل ينتبه لأغراضه.
37. الطفل يلعب مع أطفال مختلفين.
38. الطفل يسلك سلوكًا تعاونيًا في حالات الخلاف.
39. الطفل لا يمكنه تحمل المواقف الغامضة.
40. الطفل يستطيع لجيل تأجيل رغباته واحتياجاته.
41. الطفل يستطيع التعبير عن مشاعره، مثل الاستياء والغضب والفرح إلخ.
42. الطفل يستطيع أن يدخل في جدالٍ لفظي.
43. الطفل ينحاز إلى أطفالٍ آخرين.
44. الطفل يستطيع التعاون مع أطفالٍ آخرين.
45. الطفل بإمكانه الحفاظ على القواعد.
46. الطفل يتفاوض وفق قواعده الخاصة إذا لزم الأمر.
47. الطفل يتحمل رفض ضم طلباته.
48. الطفل يُظهِر حلولًا عند الخلافات.
49. الطفل يستطيع أن يضع نفسه عاطفيًا محل طفلٍ آخر.
50. الطفل يستطيع إظهار أفعاله.
51. الطفل يتولى المسؤولية عن أطفالٍ آخرين.
52. الطفل يُظهِر مرونة في المواقف الجديدة.
53. الطفل لديه صورة إيجابية عن ذاته.
54. الطفل يتعلم لارتياد داد المدرسة.
55. الطفل ينفذ المهام دون تعقيبات متواصلة.

56. الطفل يلعب بالخيال، ولديه أفكار.
57. الطفل يستطيع أن يذكر اسمه وعنوانه.
58. الطفل يُسمي الألوان بأسمائها.
59. الطفل يستطيع حل لغز 20 - قطعة على الأقل.
60. الطفل يطور استراتيجيات حل المشاكل.
61. الطفل يفهم التوجيهات، سواء الوصفات أو الإرشادات.
62. الطفل يجتهد لإنجاز المهام.
63. الطفل يمارس نشاطًا لفترة زمنية معقولة.
64. الطفل يتعامل مع متطلبات الأداء بإيجابية.
65. الطفل يستطيع تسمية أجزاء الجسد.
66. الطفل يُظهر تنظيمًا في صوره المرسومة.
67. الطفل يرسم شخصًا.
68. الطفل يرسم „بالأشعة السينينية".
69. الطفل يلعب دورًا باستمرار مع الأطفال الآخرين.
70. الطفل مدرك للوضع في مجموعته.
71. الطفل يُظهر بوضوح رغبته في الاستقلال.
72. الطفل يُطور أفكاره الخاصة وينفذها.
73. الطفل مهتم بالشؤون الجارية.
74. الطفل يستطع التركيز جيدًا باستمرار.
75. الطفل يُخطط ويرسم مشروعًا بنشاط.
76. الطفل لديه استعداد لتجربة أشياء جديدة.

77. الطفل يذهب إلى المرحاض بشكل مستقل.
78. الطفل يغسل أسنانه.
79. الطفل ينظف يديه وفمه من بقايا الطعام وما شابه.
80. الطفل بارع في الأنشطة اليومية.
81. الطفل يعرف قواعد المرور ويلتزم بها.

82. الطفل يتولى المهام اليومية في المجموعة.

83. الطفل يتقن استخدام الوسائط.

84. الطفل يستطيع التخلي عن أغراضه أو أن ينحيها جانبًا.

مهارات حركية

85. الطفل يرتقي الدرج صعودًا وهبوطًا.

86. الطفل يُظهر سعادته بالحركة.

87. الطفل يستخدم أدوات اللعب.

88. الطفل مرن في الحركات الخشنة.

89. الطفل بارع في الحركات الناعمة.

90. الطفل يقص بالمقص.

91. الطفل يلصق.

92. الطفل يرسم.

93. الطفل يستطيع لضُمّ الخرز بأحجامٍ مختلفة.

94. الطفل يقبض على الأشياء الصغيرة بإحكام.

95. الطفل يتحكم بتوازنه على خط.

96. الطفل يخطو بكامل قدمه ويسحبها.

97. الطفل يتسلّق.

98. الطفل يقفز.

99. الطفل يستطيع الوقوف على رجل واحدة لمدة عشر ثوان.

100. الطفل يتأرجح بأمان.

101. الطفل يطأ الأشياء دون أن يمسك بها.

102. الطفل يُظهر براعةً عند المراوغة على سبيل المثال.

103. الطفل يكيّف حركاته بوعي حسب الموقف.

104. الطفل يُظهر انتقالات حركية (سريعة/بطيئة).

105. الطفل يستشعر الأشكال والمواد.

106. الطفل يصنع أشكالًا بالصلصال.

107. الطفل يستطيع أن يدير المفتاح في قفل الباب في كلا الاتجاهين.

108. الطفل يصب في كأس.

109. الطفل يستطيع المشي إلى الوراء.

110. الطفل يُميّز بين المشي والجري.

111. الطفل يُمسك بالكرة بكلتا يديه.

112. الطفل بارعٌ في اللعب والرياضة.
113. الطفل يستخدم جسده بما يتماشى مع سنه.
114. الطفل يستطيع ربط الشريط.
115. الطفل يكتب اسمه وما شابه.
116. الطفل يُظهر تعاونًا جيدًا في العمليات المعقدة.
117. الطفل يتمكن من الرسم بدقة.

المهارات الرياضية والعلمية

118. الطفل يتعرف على الأشكال الهندسية.
119. الطفل يستطيع إعادة بناء الأشياء.
120. الطفل يُسمي الأرقام المكتوبة.
121. الطفل يُطابق الكميات والأرقام.
122. الطفل يلعب بالأرقام.
123. الطفل يُتقن الأعداد حتى 20.
124. الطفل يكمل الأنماط.
125. الطفل يأخذ الأبعاد في الاعتبار عند الرسم.
126. الطفل يستطيع التعرف على الأشكال والأشياء في صور مختلفة.
127. الطفل يراقب الطبيعة.
128. الطفل يتعرف على الظواهر الطبيعية ويصفها.
129. الطفل مهتم بالتجارب.
130. الطفل يستطيع تسمية الحيوانات.

المهارات اللغوية

131. الطفل يهتم بالكتب.
132. الطفل يتفاعل مع النداءات.
133. الطفل يتفاعل مع الأنشطة الاجتماعية الصاخبة.
134. الطفل يستطيع الإشارة إلى اتجاه الصوت.
135. الطفل يشرح ما يلعب.
136. الطفل يفهم مضمون وسياقات القصة.

137. الطفل يتعرف على الكلمات والأحرف المألوفة (الأسماء المطبوعة على المصلقات بأحرف كبيرة).

138. الطفل يستطيع أن يعيد رواية ر قصة قصيرة مصورة.

139. الطفل يستخدم أدوات التعبير في الـ بشكلٍ مناسب.

140. الطفل يُكوّن جُمَلاً متعددة الكلمات.

141. الطفل يطرح أسئلةاستفهامية.

142. الطفل يستخدم حروف الجر: على، أسفل، بجانب، إلى، إلخ، بشكلٍ صحيح.

143. الطفل يُتقن تراكيب لغوية معقدة.

144. الطفل يُسمّي الأضداد.

145. الطفل يُشَكّل الأصوات بشكل صحيح.

146. الطفل يستطيع إجراء حوارات.

147. الطفل يُطابق التسميات مع المصطلحات العامة.

148. الطفل يسأل عن معاني الكلمات.

149. الطفل يطبق قواعد النحوية الأساسية.

150. الطفل يتكلم بوضوح.

151. الطفل يحكي بترتيب منطقي ووقائعي.

152. الطفل يميز الأصوات والمقاطع.

153. الطفل يستطيع أن يردد ويكمل القوافي البسيطة.

154. الطفل يتعرف على كلمات القافية.

155. الطفل يُبدي متعةً باللغة.

156. الطفل يبدأ في استخدام الضمير الشخصي نحن.

157. الطفل يُبدي اهتمامًا للحروف والأرقام.

158. الطفل يستطيع أن يجيب على أسئلةِ „إذا - اذا" "إذن".

159. الطفل يعرف ما المقصود باليمين واليسار.

160. الطفل يستطيع القيام بمهام بسيطة.

161. الطفل يستطيع إتمام مهام عدة بمهام بالترتيب.

162. الطفل يستطيع القيام بمهام معقدة.

163. الطفل لديه مفردات واسعة ويمكنه استخدامها بشكلٍ مناسب.

Sensory skills

1. The child can stay focused on a topic or action.
2. The child can organise their tasks or work properly.
3. The child can also concentrate in a loud environment.
4. The child can distinguish important things from unimportant things.
5. The child perceives the positioning of objects (behind, in front, on top, etc.).
6. The child can recognise dimensions (large/small; fat/thin).
7. The child likes their face being touched (washing, combing, showering).
8. The child likes gentle touch.
9. The child likes firm touch.
10. The child can localise touch.
11. The child feels pain.
12. The child likes working with certain materials (dough, sand, clay, etc.).
13. The child holds objects with their whole hand.
14. The child is active to an appropriate extent.
15. The child can orientate themselves in a room.
16. The child demonstrates alternating excitement and relaxation (movement and rest).
17. The child appropriately gauges their strength when playing with others.
18. The child can assess hazards and act accordingly.
19. The child seeks physical contact appropriately.
20. The child demonstrates appropriate balance reactions.
21. The child can move well on hilly/uneven ground outdoors..
22. The child takes an active part in other activities.
23. The child approaches challenges in a relaxed and calm manner.
24. The child does things in an effective and considered manner.
25. The child has appropriate muscle tension.
26. The child can find areas in their familiar environment again.

Social and emotional skills

27. The child shows emotional openness.
28. The child is considerate.
29. The child is happy to help.
30. The child says when they want something.
31. The child debates with other children.
32. The child integrates into their group.
33. The child is able to work in a team.
34. The child forms friendships and maintains them.
35. The child respects other people's property.
36. The child looks after their own things.
37. The child plays with different children.
38. The child is cooperative in the event of a disagreement.
39. The child can cope with unclear situations.
40. The child can put aside their wants and needs.
41. The child can name feelings like rage, anger, happiness, etc.
42. The child can debate using words.
43. The child sticks up for other children.
44. The child can get along with other children.
45. The child is able to follow rules.
46. The child negotiates their own rules when needed.
47. The child tolerates their requests being refused.
48. The child finds solutions to conflict.
49. The child can imagine how another child might be feeling.
50. The child can reflect on their own actions.
51. The child takes responsibility for other children.
52. The child shows flexibility in new situations.
53. The child has a positive self-image.
54. The child looks forward to school.
55. The child carries out tasks without constant feedback.

Cognitive skills

56. The child plays using their imagination and has ideas.
57. The child can say their name and address.
58. The child can name colours.
59. The child can do puzzles with at least 20 pieces.
60. The child develops strategies for solutions.
61. The child understands instructions, a recipe or explanation.
62. The child endeavours to complete tasks.
63. The child dedicates themselves to an activity for an appropriate amount of time.
64. The child has a positive approach to performance requirements.
65. The child can name parts of the body.
66. The child uses structure in the pictures they paint.
67. The child can draw a person.
68. The child draws images with an 'X-ray view'.
69. The child role-plays with other children for an extended time.
70. The child knows what is going on in group activities.
71. The child shows a clear desire for independence.
72. The child develops their own ideas and implements them.
73. The child is interested in current topics.
74. The child can concentrate well and for an extended period.
75. The child actively contributes to planning and designing a project.
76. The child is open to new things.

Day-to-day skills

77. The child goes to the toilet independently.
78. The child can brush their teeth.
79. The child washes their hands/mouth to remove food residue or similar.
80. The child is skilled at everyday actions.
81. The child understands the rules of the road and implements them.

82. The child completes tasks in everyday group work.

83. The child is able to use media.

84. The child can put their things back in place after using them.

Motor skills

85. The child can go up and down stairs.

86. The child enjoys moving around.

87. The child uses play equipment.

88. The child has good gross motor skills.

89. The child has good fine motor skills.

90. The child can cut with scissors.

91. The child can glue things.

92. The child can draw and paint.

93. The child can thread beads of various sizes.

94. The child is confident at grabbing small objects.

95. The child can balance on a line.

96. The child maintains a steady heel-to-toe gait using the whole foot.

97. The child can climb.

98. The child can jump.

99. The child can stand on one leg for ten seconds.

100. The child can use a swing safely.

101. The child can step over objects without having to hold onto something.

102. The child is skilled when moving, e.g. getting out of the way.

103. The child consciously adjusts their movements to the situation.

104. The child shows movement transitions (fast/slow).

105. The child touches shapes and materials.

106. The child can knead shapes.

107. The child can turn a key both ways in a door lock.

108. The child can pour into a cup.

109. The child can walk backwards.

110. The child distinguishes between walking and running.

111. The child can catch a ball with both hands.

112. The child shows skill when playing games and sports.

113. The child uses their body appropriately for their age.

114. The child can tie a bow.

115. The child can write their name or similar.

116. The child has good coordination in complex sequences.

117. The child can colour in neatly.

Mathematical and scientific skills

118. The child recognises geometric shapes.

119. The child can copy things by building them.

120. The child can name written numbers.

121. The child can assign quantities and numbers.

122. The child plays with numbers.

123. The child can count up to 20 well.

124. The child finishes patterns.

125. The child takes size into consideration when drawing.

126. The child can recognise shapes and objects in different views.

127. The child observes nature.

128. The child recognises natural phenomena and can describe them.

129. The child is interested in experiments.

130. The child can name animals.

Language skills

131. The child shows interest in books.

132. The child responds when called.

133. The child also responds in loud group activities.

134. The child can say which direction sounds are coming from.

135. The child explains what they are playing.

136. The child understands content and connections in a story.

137. The child recognises commonly used words and letters (nouns that are printed in capital letters on posters).
138. The child can retell short stories.
139. The child uses articles (the) appropriately.
140. The child forms sentences made up of multiple words.
141. The child asks wh-questions.
142. The child uses on, under, next to, etc. correctly.
143. The child can build complex linguistic structures.
144. The child can name objects.
145. The child forms sounds correctly.
146. The child can have conversations.
147. The child assigns names for things to umbrella terms.
148. The child asks what words mean.
149. The child applies basic rules of grammar.
150. The child speaks clearly.
151. The child talks about their experiences in a logical and realistic sequence.
152. The child distinguishes between letters and syllables.
153. The child can copy and add to simple rhymes.
154. The child recognises rhyming words.
155. The child has fun with language.
156. The child understands that they are included in we.
157. The child is interested in letters and numbers.
158. The child can answer 'what if' questions.
159. The child knows what left and right means.
160. The child can carry out simple tasks.
161. The child can carry out multiple tasks in order.
162. The child can carry out complex tasks.
163. The child has a good vocabulary and can use it accordingly.

1. L'enfant sait faire preuve d'endurance.
2. L'enfant sait effectuer ses tâches ou travailler correctement.
3. L'enfant sait se concentrer même dans un environnement bruyant.
4. L'enfant sait faire la différence entre ce qui est important et ce qui ne l'est pas.
5. L'enfant perçoit les positions des objets (derrière, devant, au-dessus, etc.).
6. L'enfant sait reconnaître les critères de dimension (gros/petit ; épais/mince).
7. L'enfant aime qu'on lui touche le visage (laver, peigner, doucher).
8. L'enfant aime les sensations de toucher doux.
9. L'enfant aime les sensations de toucher ferme.
10. L'enfant sait localiser les sensations de toucher.
11. L'enfant ressent de la douleur.
12. L'enfant aime travailler avec certains matériaux (pâte, sable, colle, etc.).
13. L'enfant prend les objets avec la main entière.
14. L'enfant est raisonnablement actif.
15. L'enfant sait s'orienter dans l'espace.
16. L'enfant montre une contraction et une relaxation en alternance (mouvement et repos).
17. L'enfant évalue sa force de manière appropriée en jouant avec les autres.
18. L'enfant sait évaluer les dangers et agir en conséquence.
19. L'enfant recherche un contact physique approprié.
20. L'enfant montre des réactions d'équilibre adaptées.
21. L'enfant se déplace bien sur un terrain extérieur vallonné/inégal.
22. L'enfant prend une part active aux autres activités.
23. L'enfant reste calme et tranquille en cas de difficultés.
24. L'enfant fait des choses avec efficacité et réfléchit.
25. L'enfant a une tension musculaire appropriée.
26. L'enfant retrouve des endroits dans son environnement familier.

Compétences socio-émotionnelles

27. L'enfant fait preuve d'ouverture émotionnelle.
28. L'enfant fait preuve de considération.
29. L'enfant est serviable.
30. L'enfant dit quand il veut quelque chose.
31. L'enfant s'engage avec d'autres enfants.
32. L'enfant s'intègre dans son groupe.
33. L'enfant a la capacité de travailler en équipe.
34. L'enfant noue et entretient des amitiés.
35. L'enfant respecte la propriété d'autrui.
36. L'enfant fait attention à ses affaires.
37. L'enfant joue avec différents enfants.
38. L'enfant se comporte de manière coopérative dans les situations de conflit.
39. L'enfant sait supporter des situations non univoques.
40. L'enfant sait mettre de côté ses désirs et besoins.
41. L'enfant sait nommer des sentiments tels que la colère, les soucis, la joie, etc.
42. L'enfant sait se disputer verbalement.
43. L'enfant prend parti pour d'autres enfants.
44. L'enfant sait coopérer avec d'autres enfants.
45. L'enfant est capable de suivre les règles.
46. L'enfant négocie ses propres règles si nécessaire.
47. L'enfant supporte qu'on refuse ses désirs.
48. L'enfant trouve des solutions aux conflits.
49. L'enfant sait émotionnellement se mettre à la place d'un autre enfant.
50. L'enfant sait réfléchir à ses propres actes.
51. L'enfant assume la responsabilité des autres enfants.
52. L'enfant fait preuve de flexibilité dans des situations nouvelles.
53. L'enfant possède une bonne perception de soi.
54. L'enfant est impatient d'aller à l'école.
55. L'enfant exécute des tâches sans avoir constamment besoin de commentaires.

Compétences cognitives

56. L'enfant fait preuve d'imagination en jouant, a des idées.
57. L'enfant sait dire son nom et son adresse.
58. L'enfant nomme les couleurs.
59. L'enfant fait un puzzle d'au moins 20 pièces.
60. L'enfant développe des stratégies de solution.
61. L'enfant comprend des consignes, une recette ou un mode d'emploi.
62. L'enfant s'efforce d'accomplir des tâches.
63. L'enfant se consacre à une activité pendant une période raisonnable.
64. L'enfant gère les exigences de performance de manière positive.
65. L'enfant sait nommer les parties du corps.
66. L'enfant montre une structure dans ses peintures.
67. L'enfant dessine une personne.
68. L'enfant peint des images avec une « vision en rayons X ».
69. L'enfant joue constamment des jeux de rôle avec d'autres enfants.
70. L'enfant garde une vue d'ensemble de ce qui se passe dans le groupe.
71. L'enfant montre nettement une aspiration à l'autonomie.
72. L'enfant développe ses propres idées et les concrétise.
73. L'enfant s'intéresse aux sujets actuels.
74. L'enfant sait se concentrer facilement et de manière durable.
75. L'enfant planifie et conçoit activement un projet.
76. L'enfant est prêt à s'engager dans de nouvelles choses.

Compétences quotidiennes

77. L'enfant va tout seul aux toilettes.
78. L'enfant se brosse les dents.
79. L'enfant sait retirer les restes de nourriture de ses mains/sa bouche, par exemple.
80. L'enfant est habile dans les actes de la vie quotidienne.
81. L'enfant connaît les règles de circulation et les applique.

82. L'enfant assume des tâches quotidiennes dans le groupe.

83. L'enfant maîtrise l'utilisation des médias.

84. L'enfant sait enlever/ranger ses affaires.

Compétences motrices

85. L'enfant monte et descend des escaliers.

86. L'enfant montre du plaisir à bouger.

87. L'enfant utilise les équipements de jeux.

88. L'enfant a des capacités motrices globales.

89. L'enfant a des capacités motrices fines.

90. L'enfant sait utiliser des ciseaux.

91. L'enfant sait coller.

92. L'enfant sait dessiner ou peindre.

93. L'enfant sait enfiler des perles de différentes tailles.

94. L'enfant attrape les petits objets sans hésiter.

95. L'enfant se tient en équilibre sur une ligne.

96. L'enfant marche avec tout le pied et le déroule.

97. L'enfant sait faire de l'escalade.

98. L'enfant sait sauter.

99. L'enfant sait rester sur une jambe pendant dix secondes.

100. L'enfant se balance en toute sécurité.

101. L'enfant monte au-dessus des objets sans avoir à se tenir.

102. L'enfant se montre habile quand il doit par ex. esquiver quelque chose.

103. L'enfant adapte consciemment ses mouvements à la situation.

104. L'enfant montre des transitions de mouvement (rapide/lent).

105. L'enfant tâte les formes et les matières.

106. L'enfant pétrit des personnages.

107. L'enfant sait tourner une clé dans une serrure de porte dans les deux sens.

108. L'enfant verse dans un gobelet.

109. L'enfant sait marcher à reculons.

110. L'enfant fait la différence entre marcher et courir.

111. L'enfant attrape un ballon avec les deux mains.

112. L'enfant est habile lorsqu'il joue et pratique un sport.

113. L'enfant utilise son corps de manière adaptée à son âge.

114. L'enfant sait faire un nœud.

115. L'enfant écrit son nom, entre autres.

116. L'enfant fait preuve d'une bonne coordination dans des processus complexes.

117. L'enfant réussit à colorier proprement.

Compétences mathématiques et scientifiques

118. L'enfant reconnaît les formes géométriques.

119. L'enfant sait reproduire des choses.

120. L'enfant nomme les nombres écrits.

121. L'enfant associe les quantités et les nombres.

122. L'enfant aborde les nombres de manière ludique.

123. L'enfant maîtrise la série de nombres jusqu'à 20.

124. L'enfant complète le(s) motif(s).

125. L'enfant tient compte des proportions lorsqu'il dessine.

126. L'enfant sait reconnaître des formes et des objets dans différentes représentations.

127. L'enfant observe la nature.

128. L'enfant reconnaît les phénomènes naturels et les décrit.

129. L'enfant s'intéresse aux expériences.

130. L'enfant sait nommer les animaux.

Compétences linguistiques

131. L'enfant s'intéresse aux livres.

132. L'enfant réagit à l'appel.

133. L'enfant réagit également aux événements de groupe bruyants.

134. L'enfant sait indiquer la direction des bruits.

135. L'enfant explique ce à quoi il joue.

136. L'enfant comprend le contenu et les liens d'une histoire.

137. L'enfant reconnaît des mots familiers, des lettres (noms imprimés sur des affiches en majuscules).

138. L'enfant sait répéter une histoire courte.

139. L'enfant utilise les articles le, la de manière appropriée.

140. L'enfant forme des phrases de plusieurs mots.

141. L'enfant utilise les pronoms interrogatifs.

142. L'enfant utilise correctement sur, sous, dans, etc.

143. L'enfant maîtrise les structures du langage complexes.

144. L'enfant nomme les contraires.

145. L'enfant forme des sons sans erreur.

146. L'enfant sait mener des conversations.

147. L'enfant associe des noms à des termes génériques.

148. L'enfant demande le sens des mots.

149. L'enfant applique correctement les règles grammaticales de base.

150. L'enfant parle clairement.

151. L'enfant raconte des expériences dans un ordre logique et réaliste.

152. L'enfant distingue les sons et les syllabes.

153. L'enfant sait répéter et compléter des rimes simples.

154. L'enfant reconnaît les mots qui riment.

155. L'enfant montre du plaisir à parler.

156. L'enfant s'implique avec nous.

157. L'enfant montre de l'intérêt pour les lettres et les nombres.

158. L'enfant sait répondre aux questions commençant par « Et si ».

159. L'enfant sait ce que l'on entend par droite et gauche.

160. L'enfant sait effectuer des tâches simples.

161. L'enfant sait compléter plusieurs ordres d'action dans l'ordre.

162. L'enfant sait effectuer des tâches complexes.

163. L'enfant a un vocabulaire riche et sait l'utiliser.

Сенсорные компетенции

1. Ребенок может долго заниматься определенным делом.
2. Ребенок может выполнять свои задачи должным образом.
3. Ребенок может сосредоточиться даже в шумной среде.
4. Ребенок может различать между важным и неважным.
5. Ребенок воспринимает расположение предметов (сзади, спереди, над и т. д.).
6. Ребенок может распознавать масштабы (большой/маленький, толстый/тонкий).
7. Ребенку нравится, когда касаются его лица (например, во время умывания, расчесывания, мытья).
8. Ребенку нравятся нежные прикосновения.
9. Ребенку нравятся крепкие прикосновения.
10. Ребенок может локализовать прикосновение.
11. Ребенок ощущает боль.
12. Ребенку нравится работать с определенными материалами (тестом, песком, пластилином и т. д.).
13. Ребенок берет предметы всей рукой.
14. Ребенок достаточно активен.
15. Ребенок ориентируется в пространстве.
16. Ребенок может попеременно напрягаться и расслабляться (подвижность и покой).
17. Ребенок адекватно рассчитывает свои силы во время игры с другими.
18. Ребенок может оценить опасность и действовать в соответствии с ней.
19. Ребенок допустимым образом ищет физического контакта.
20. Ребенок демонстрирует умение держать равновесие.
21. Ребенок хорошо передвигается по холмистой/неровной местности.
22. Ребенок активно участвует в различных мероприятиях.
23. Ребенок остается спокойным и выдержанным, сталкиваясь с трудностями.

24. Ребенок делает все эффективно и обдуманно.

25. У ребенка достаточный мышечный тонус.

26. Ребенок находит комнаты в привычной обстановке.

Социальные и эмоциональные компетенции

27. Ребенок проявляет эмоциональную открытость.

28. Ребенок проявляет внимание к другим.

29. Ребенок готов оказать помощь.

30. Ребенок говорит, когда чего-то хочет.

31. Ребенок общается с другими детьми.

32. Ребенок интегрируется в группу.

33. Ребенок умеет работать в группе.

34. Ребенок строит и поддерживает дружеские отношения.

35. Ребенок уважает чужую собственность.

36. Ребенок следит за личными вещами.

37. Ребенок играет с разными детьми.

38. В конфликтных ситуациях ребенок готов к сотрудничеству.

39. Ребенок может выдержать неоднозначные ситуации.

40. Ребенок может отказаться от собственных желаний и потребностей.

41. Ребенок может назвать такие чувства, как гнев, раздражение, радость и тому подобное.

42. Ребенок может спорить на словах.

43. Ребенок встает на сторону других детей.

44. Ребенок может действовать сообща с другими детьми.

45. Ребенок способен соблюдать правила.

46. Ребенок при необходимости договаривается о собственных правилах.

47. Ребенок терпит отказ в исполнении желаний.

48. Ребенок демонстрирует умение разрешать конфликты.

49. Ребенок может эмоционально поставить себя на место другого ребенка.

50. Ребенок может размышлять над собственными действиями.

51. Ребенок принимает ответственность за других детей.

52. Ребенок проявляет гибкость в новых ситуациях.

53. Ребенок имеет положительную самооценку.

54. Ребенок с нетерпением ждет школы.

55. Ребенок выполняет задания без постоянной обратной связи.

Когнитивные компетенции

56. Ребенок играет с фантазией, имеет идеи.

57. Ребенок может назвать собственное имя и адрес.

58. Ребенок называет цвета.

59. Ребенок умеет складывать пазлы минимум из 20 деталей.

60. Ребенок создает стратегии решения проблем.

61. Ребенок понимает и выполняет инструкции, набор команд или наставление.

62. Ребенок прилагает усилия для выполнения заданий.

63. Ребенок занимается определенной деятельностью в течение соответствующего промежутка времени.

64. Ребенок положительно относится к требованиям к результативности.

65. Ребенок умеет называть части тела.

66. Ребенок создает определенную структуру в своих рисунках.

67. Ребенок рисует людей.

68. Ребенок рисует, используя «рентгеновское зрение».

69. Ребенок играет в ролевые игры с другими детьми в течение долгого времени.

70. Ребенок следит за тем, что происходит в группе.

71. Ребенок явно демонстрирует стремление к самостоятельности.

72. Ребенок придумывает идеи и воплощает их.

73. Ребенок интересуется актуальными темами.

74. Ребенок может быть сосредоточенным в течение длительного времени.

75. Ребенок может активно планировать и реализовывать проект.

76. Ребенок готов заниматься чем-то новым.

Бытовые компетенции

77. Ребенок самостоятельно ходит в туалет.

78. Ребенок чистит зубы.

79. Ребенок очищает руки/рот от остатков пищи и тому подобное.

80. Ребенок умело справляется с будничными делами.

81. Ребенок знает правила дорожного движения и соблюдает их.

82. Ребенок берет на себя задания в группе.

83. Ребенок умеет пользоваться медиа.

84. Ребенок может убирать или складывать свои вещи.

Двигательные компетенции

85. Ребенок поднимается и спускается по лестнице.

86. Ребенок получает удовольствие от движения.

87. Ребенок играет с игрушками.

88. Ребенок имеет хорошую крупную моторику.

89. Ребенок имеет хорошую мелкую моторику.

90. Ребенок умеет резать ножницами.

91. Ребенок умеет клеить.

92. Ребенок умеет рисовать.

93. Ребенок может нанизывать бусинки разного размера.

94. Ребенок уверенно захватывает мелкие предметы.

95. Ребенок балансирует на линии.

96. Ребенок шагает, наступая на всю стопу.

97. Ребенок лазает.

98. Ребенок прыгает.

99. Ребенок может простоять десять секунд на одной ноге.

100. Ребенок уверенно качается на качелях.

101. Ребенок переступает через предметы, не держась.

102. Ребенок проявляет сноровку, когда, например, ему приходится уклоняться.

103. Ребенок сознательно адаптирует свои движения к ситуации.

104. Ребенок демонстрирует умение двигаться по-разному (быстро/медленно).

105. Ребенок определяет на ощупь формы и материалы.

106. Ребенок лепит фигурки.

107. Ребенок может поворачивать ключ в дверном замке в обоих направлениях.

108. Ребенок наливает в чашку.

109. Ребенок может бегать задом наперед.

110. Ребенок различает ходьбу и бег.

111. Ребенок ловит мяч обеими руками.

112. Ребенок умело играет и занимается спортом.

113. Ребенок использует свое тело в соответствии с возрастом.

114. Ребенок может завязать бантик.

115. Ребенок умеет писать собственное имя или другие слова.

116. Ребенок демонстрирует хорошую координацию в сложных последовательностях движений.

117. Ребенку удается аккуратно раскрашивать.

Математические и природоведческие компетенции

118. Ребенок распознает геометрические фигуры.

119. Ребенок может смастерить что-то по примеру.

120. Ребенок называет написанные цифры.

121. Ребенок сопоставляет количества и числа.

122. Ребенок в игровой форме занимается с числами.

123. Ребенок освоил ряд чисел до 20.

124. Ребенок дорисовывает узоры.

125. Ребенок учитывает соотношение размеров во время рисования.

126. Ребенок может распознавать формы и предметы в различных изображениях.
127. Ребенок наблюдает за природой.
128. Ребенок распознает и описывает природные явления.
129. Ребенок интересуется экспериментами.
130. Ребенок знает названия животных.

Языковые/речевые компетенции

131. Ребенок интересуется книгами.
132. Ребенок реагирует, когда его зовут.
133. Ребенок реагирует на обращение к нему, даже если в группе шумно.
134. Ребенок может указывать направление, из которого идет звук.
135. Ребенок объясняет, во что он играет.
136. Ребенок понимает смысл и связи в рассказе.
137. Ребенок узнает знакомые слова, буквы (названия, напечатанные большими буквами на плакатах).
138. Ребенок может пересказать короткую историю.
139. Ребенок правильно употребляет артикли der, die, das в немецком языке.
140. Ребенок строит предложения из многих слов.
141. Ребенок задает вопросы с вопросительными словами.
142. Ребенок правильно употребляет слова на, под, рядом и тому подобное.
143. Ребенок умеет использовать сложные речевые конструкции.
144. Ребенок называет противоположные понятия.
145. Ребенок правильно произносит звуки.
146. Ребенок может вести разговоры.
147. Ребенок сопоставляет слова с родовыми понятиями.
148. Ребенок спрашивает о значениях слов.
149. Ребенок правильно применяет основные грамматические правила.

150. Ребенок говорит четко.

151. Ребенок рассказывает о своих переживаниях в логической и реалистичной последовательности.

152. Ребенок различает звуки и слоги.

153. Ребенок может повторять и дополнять простые рифмы.

154. Ребенок распознает рифмы.

155. Ребенок получает удовольствие от речи.

156. Ребенок относит себя к мы.

157. Ребенок проявляет интерес к буквам и цифрам.

158. Ребенок может отвечать на вопрос «если - то».

159. Ребенок понимает, что означает слева и справа.

160. Ребенок может выполнять простые задания.

161. Ребенок может выполнить несколько заданий по порядку.

162. Ребенок может выполнять сложные задания.

163. Ребенок имеет обширный словарный запас и может использовать его должным образом.

Duyusal Beceriler

1. Çocuk yaptığı şeyi, azimle yapabiliyor.
2. Çocuk ona verilen görevleri veya işleri düzenli bir şekilde yerine getirebiliyor.
3. Çocuk gürültülü bir ortamda da konsantre olabiliyor.
4. Çocuk önemli olan şeylerle önemli olmayanları birbirinden ayırt edebiliyor.
5. Çocuk, cisimlerin konumlarını algılıyor (arkasında, önünde, üzerinde vs.).
6. Çocuk ölçüleri (büyük/küçük; kalın/ince) anlıyor.
7. Çocuk yüzüne dokunulmasını seviyor (yıkama, tarama, duş yapma).
8. Çocuk yumuşak temasları seviyor.
9. Çocuk sert temasları seviyor.
10. Çocuk dokunuşların yerini anlayabiliyor.
11. Çocuk acı hissedebiliyor.
12. Çocuk belirli malzemelerle oynamayı seviyor (hamur, kum, tutkal vs.).
13. Çocuk cisimleri tüm eliyle tutuyor.
14. Çocuk uygun ölçüde aktif.
15. Çocuk odada oryantasyon hissine sahip.
16. Çocuk değişimli olarak gerilme ve gevşeme sergiliyor (hareket ve dinlenme).
17. Çocuk başkalarıyla oynarken kendi gücünün farkında.
18. Çocuk tehlikeleri fark edebiliyor ve buna göre hareket edebiliyor.
19. Çocuk uygun ölçüde bedensel temas arıyor.
20. Çocuk uygun denge tepkileri sergiliyor.
21. Çocuk tepeli/engebeli dış mekanda iyi hareket ediyor.
22. Çocuk başka aktivitelere aktif katılım gösteriyor.
23. Çocuk zorluklarla karşılaştığında sakin kalıyor.
24. Çocuk yaptığı şeyleri verimli ve düşünceli bir şekilde yapıyor.
25. Çocuk uygun bir kas gerginliğine sahip.
26. Çocuk bildiği ortamda odaları tekrar buluyor.

27. Çocuk duygusal açıklık gösteriyor.
28. Çocuk başkalarına düşünceli davranıyor.
29. Çocuk yardımsever.
30. Çocuk bir şey istediği zaman bunu söylüyor.
31. Çocuk başka çocuklarla etkileşim kuruyor.
32. Çocuk kendisini grubuna entegre ediyor.
33. Çocuk ekip içinde çalışma becerisine sahip.
34. Çocuk arkadaşlıklar kuruyor ve bunlara özen gösteriyor.
35. Çocuk başkalarına ait olan şeylere dikkat ediyor.
36. Çocuk kendine ait olan şeylere dikkat ediyor.
37. Çocuk farklı çocuklarla oynuyor.
38. Çocuk anlaşmazlık durumlarında işbirlikçi davranıyor.
39. Çocuk belirsiz olan durumlara dayanabiliyor.
40. Çocuk kendi isteklerini ve ihtiyaçlarını bir kenara koyabiliyor.
41. Çocuk öfke, kızgınlık, mutluluk vs. gibi hisleri adlandırabiliyor.
42. Çocuk sözlü olarak tartışabiliyor.
43. Çocuk başka çocukları savunuyor.
44. Çocuk başka çocuklarla işbirliği yapabiliyor.
45. Çocuk kurallara uyabiliyor.
46. Çocuk gerekirse kendi kurallarını savunuyor.
47. Çocuk isteklerinin reddedilmesini kabul ediyor.
48. Çocuk anlaşmazlıklarda çözüm sunuyor.
49. Çocuk his açısından kendini başka bir çocuğun yerine koyabiliyor.
50. Çocuk kendi davranışlarına kafa yorabiliyor.
51. Çocuk başka çocuklar için sorumluluk üstleniyor.
52. Çocuk yeni durumlarda esneklik gösteriyor.
53. Çocuk pozitif bir öz farkındalığa sahip.
54. Çocuk okula severek gidiyor.
55. Çocuk görevleri sürekli geri bildirim olmadan yerine getiriyor.

Bilişsel Beceriler

56. Çocuk hayal gücüyle oynuyor, fikirleri var.
57. Çocuk adını ve adresini söyleyebiliyor.
58. Çocuk renklerin adını söylüyor.
59. Çocuk en az 20 parçalık yapboz yapabiliyor.
60. Çocuk çözüm stratejileri geliştiriyor.
61. Çocuk ona verilen talimatları, bir tarifi veya kılavuzu anlıyor.
62. Çocuk görevleri yerine getirmek için çaba sarf ediyor.
63. Çocuk uygun bir süre boyunca bir faaliyetle uğraşıyor.
64. Çocuk performansa yönelik zorlukları olumlu bir şekilde ele alıyor.
65. Çocuk vücudun bölümlerini adlandırabiliyor.
66. Çocuğun yaptığı resimlerde belirli bir yapılandırma görülebiliyor.
67. Çocuk bir insan çiziyor.
68. Çocuk „röntgen bakışı" ile resimler yapıyor.
69. Çocuk diğer çocuklarla uzun süre rol oyunları oynuyor.
70. Çocuk grupta olup bitenleri gözlemliyor.
71. Çocuk açık bir şekilde bağımsızlık arzusu gösteriyor.
72. Çocuk kendi fikirlerini geliştirip bunları hayata geçiriyor.
73. Çocuk güncel konulara ilgi duyuyor.
74. Çocuk iyi ve uzun süre konsantre olabiliyor.
75. Çocuk bir proje tasarlanırken aktif katılım gösteriyor.
76. Çocuk yeni bir şeyler yapmaya hazır.

Günlük Hayat Becerileri

77. Çocuk tuvalete kendi kendine gidiyor.
78. Çocuk dişlerini fırçalıyor.
79. Çocuk ellerindeki/ağzındaki yemek artıklarını vb. temizliyor.
80. Çocuk günlük işleri beceriyle yerine getiriyor.
81. Çocuk trafik kurallarını biliyor ve bunlara uyuyor.

82. Çocuk grubun günlük hayatında görevler üstleniyor.
83. Çocuk medya kullanabiliyor.
84. Çocuk eşyalarını toplayabiliyor.

Motor Becerileri

85. Çocuk merdiven çıkıp iniyor.
86. Çocuk hareket etmeyi seviyor.
87. Çocuk oyuncaklar kullanıyor.
88. Çocuk kaba motor becerilerine sahip.
89. Çocuk ince motor becerilerine sahip.
90. Çocuk makas ile kesiyor.
91. Çocuk yapıştırıyor.
92. Çocuk resim çiziyor veya boyama yapıyor.
93. Çocuk farklı boyutta boncuklar dizebiliyor.
94. Çocuk küçük cisimleri güvenli şekilde tutuyor.
95. Çocuk bir çizgide dengede durabiliyor.
96. Çocuk tüm ayağıyla yere basıyor ve ayağını yuvarlıyor.
97. Çocuk tırmanıyor.
98. Çocuk atlıyor.
99. Çocuk on saniye boyunca tek ayağı üzerinde durabiliyor.
100. Çocuk salıncakta güvenli şekilde sallanıyor.
101. Çocuk bir yere tutunmadan cisimlerin üzerinden geçebiliyor.
102. Çocuk örneğin çekilmesi gerektiğinde gerekli beceriyi sergiliyor.
103. Çocuk hareketlerini bilinçli bir şekilde ilgili duruma uyduruyor.
104. Çocuk hareket geçişleri yapıyor (hızlı/yavaş).
105. Çocuk dokunarak şekil ve malzemeleri anlıyor.
106. Çocuk hamurla şekil yapıyor.
107. Çocuk bir kapı kilidi içinde bir anahtarı iki yöne döndürebiliyor.
108. Çocuk bir bardağa içecek dolduruyor.
109. Çocuk geri geri yürüyebiliyor.
110. Çocuk yürümek ve koşmak arasındaki farkı biliyor.
111. Çocuk bir topu iki elle yakalıyor.

112. Çocuk oyun ve sporda becerikli.

113. Çocuk vücudunu yaşına uygun şekilde kullanıyor.

114. Çocuk bağcıkları bağlayabiliyor.

115. Çocuk adını vb. yazıyor.

116. Çocuk, karmaşık akışlarda iyi bir koordinasyona sahip.

117. Çocuk bir resmi taşırmadan boyayabiliyor.

Matematiksel ve Bilimsel Beceriler

118. Çocuk geometrik şekilleri tanıyor.

119. Çocuk bir şeylere bakarak bunların benzerini yapabiliyor.

120. Çocuk yazılan rakamların adını söylüyor.

121. Çocuk miktar ve rakamları eşleştiriyor.

122. Çocuk rakamları oyuncu bir şekilde ele alıyor.

123. Çocuk 20'ye kadar sayı sırasını biliyor.

124. Çocuk desenleri tamamlıyor.

125. Çocuk boyama yaparken boyut oranlarını dikkate alıyor.

126. Çocuk farklı gösterilen şekil ve cisimleri algılıyor.

127. Çocuk doğayı gözlemiyor.

128. Çocuk doğa olaylarını biliyor ve açıklıyor.

129. Çocuk deneylere ilgi duyuyor.

130. Çocuk hayvanların adlarını söyleyebiliyor.

Dil Becerileri

131. Çocuğun kitaplara ilgisi var.

132. Çocuk çağrılınca tepki veriyor.

133. Çocuk grup içinde yüksek sesle konuşulduğunda da tepki veriyor.

134. Çocuk seslerin hangi yönden geldiğini söyleyebiliyor.

135. Çocuk oynadığı oyunu açıklıyor.

136. Çocuk bir hikayenin içeriklerini ve ilişkileri anlıyor.

137. Çocuk bilinen kelimeleri, harfleri tanıyor
(büyük harflerle afişlere basılı isimler).

138. Çocuk kısa hikayeleri tekrarlayabiliyor.

139. Çocuk der, die, das gibi Artikel'leri doğru kullanıyor.

140. Çocuk birden fazla kelimeli cümleler kuruyor.

141. Çocuk nasıl, neden, ne zaman gibi sorular soruyor.

142. Çocuk üzerinde, altında yanında vs. gibi edatları doğru kullanıyor.

143. Çocuk karmaşık dil yapılarına hakim.

144. Çocuk birbirine zıt şeyleri adlandırabiliyor.

145. Çocuk sesleri hatasız söylüyor.

146. Çocuk konuşma yürütebiliyor.

147. Çocuk belirli terimleri üst kavramlara tahsis ediyor.

148. Çocuk kelimelerin anlamlarını soruyor.

149. Çocuk temel dilbilgisi kurallarını kullanıyor.

150. Çocuk anlaşılır şekilde konuşuyor.

151. Çocuk yaşadıklarını mantıklı ve gerçekçi sırada anlatıyor.

152. Çocuk sesleri ve heceleri ayırt ediyor.

153. Çocuk basit tekerlemeleri tekrarlayabiliyor ve tamamlayabiliyor.

154. Çocuk kafiyeli sözcükleri tanıyor.

155. Çocuk dilden ve konuşmaktan keyif alıyor.

156. Çocuk biz zamirinde kendini dahil ediyor.

157. Çocuk harf ve rakamlara ilgi duyuyor.

158. Çocuk „Eğer-o zaman sorularını" cevaplayabiliyor.

159. Çocuk sağını ve solunu biliyor.

160. Çocuk basit görevleri yerine getirebiliyor.

161. Çocuk birden fazla görevi sırayla yerine getirebiliyor.

162. Çocuk karmaşık görevleri yerine getirebiliyor.

163. Çocuk geniş bir kelime dağarcığına sahip ve bunu uygun
şekilde kullanabiliyor.

Сенсорні компетенції

1. Дитина може сконцентровано займатись певною справою.
2. Дитина може виконувати свої завдання належним чином.
3. Дитина може зосередитися навіть у шумному середовищі.
4. Дитина може розрізняти між важливим та неважливим.
5. Дитина сприймає розташування предметів (позаду, спереду, над тощо).
6. Дитина може розпізнавати масштаби (великий/малий, товстий/тонкий).
7. Дитині подобається, коли торкаються її обличчя (наприклад, під час вмивання, розчісування, миття).
8. Дитині подобаються ніжні дотики.
9. Дитині подобаються міцні дотики.
10. Дитина може локалізувати дотик.
11. Дитина має відчуття болю.
12. Дитині подобається працювати з певними матеріалами (тістом, піском, пластиліном тощо).
13. Дитина бере предмети всією рукою.
14. Дитина достатньо активна.
15. Дитина орієнтується у просторі.
16. Дитина проявляє зміну між збудженням та розслабленням (рухливістю та спокоєм).
17. Дитина адекватно розраховує свої сили під час гри з іншими.
18. Дитина може оцінити небезпеку і діяти відповідно до неї.
19. Дитина допустимим чином шукає фізичного контакту.
20. Дитина демонструє вміння тримати рівновагу.
21. Дитина добре пересувається по горбистій/нерівній місцевості.
22. Дитина бере активну участь у різних заходах.
23. Дитина залишається спокійною та витриманою, стикаючись із викликами.
24. Дитина робить все ефективно та обдумано.
25. У дитини достатній м'язовий тонус.
26. Дитина знову знаходить приміщення у звичному для неї просторі.

27. Дитина проявляє емоційну відкритість.
28. Дитина проявляє повагу.
29. Дитина готова допомогти.
30. Дитина каже, коли чогось хоче.
31. Дитина спілкується з іншими дітьми.
32. Дитина інтегрується в групу.
33. Дитина вміє працювати у групі.
34. Дитина будує та підтримує дружні стосунки.
35. Дитина поважає чужу власність.
36. Дитина уважно ставиться до своїх речей.
37. Дитина грає з різними дітьми.
38. У конфліктних ситуаціях дитина готова до співпраці.
39. Дитина може витримати неоднозначні ситуації.
40. Дитина може відмовитися від власних бажань та потреб.
41. Дитина може назвати такі почуття, як гнів, роздратування, радість тощо.
42. Дитина може сваритись на словах.
43. Дитина переймає сторону інших дітей.
44. Дитина може співпрацювати з іншими дітьми.
45. Дитина здатна дотримуватись правил.
46. Дитина домовляється за потреби про власні правила.
47. Дитина може стерпіти відмову від виконання бажань.
48. Дитина вміє вирішувати конфлікти.
49. Дитина може емоційно поставити себе на місце іншої дитини.
50. Дитина може розмірковувати над власними діями.
51. Дитина переймає відповідальність за інших дітей.
52. Дитина проявляє гнучкість у нових ситуаціях.
53. Дитина має позитивну самооцінку.
54. Дитина з нетерпінням чекає школу.
55. Дитина виконує завдання без постійного зворотного зв'язку.

56. Дитина грає з фантазією, має ідеї.

57. Дитина може назвати власне ім'я та адресу.

58. Дитина називає кольори.

59. Дитина вміє складати пазли мінімум на 20 деталей.

60. Дитина створює стратегії вирішення проблем.

61. Дитина розуміє інструкції, рецепти або вказівки.

62. Дитина докладає зусиль для виконання завдань.

63. Дитина займається певною діяльністю протягом відповідного проміжку часу.

64. Дитина позитивно ставиться до вимог успішності.

65. Дитина вміє називати частини тіла.

66. Дитина створює певну структуру у своїх малюнках.

67. Дитина малює людей.

68. Дитина малює, використовуючи «рентгенівський зір».

69. Дитина грає у рольові ігри з іншими дітьми протягом довгого часу.

70. Дитина спостерігає за тим, що відбувається в групі.

71. Дитина явно демонструє прагнення до самостійності.

72. Дитина вигадує ідеї та втілює їх.

73. Дитина цікавиться актуальними темами.

74. Дитина може бути зосередженою протягом тривалого часу.

75. Дитина може активно планувати та розробляти проєкт.

76. Дитина готова займатися чимось новим.

Буденні компетенції

77. Дитина самостійно ходить в туалет.
78. Дитина чистить зуби.
79. Дитина очищає руки/рот від залишків їжі тощо.
80. Дитина вміло робить буденні справи.
81. Дитина знає правила дорожнього руху та дотримується їх.
82. Дитина бере на себе завдання у групі.
83. Дитина вміє користуватись медіа.
84. Дитина може прибирати або складати свої речі.

Рухові компетенції

85. Дитина піднімається й спускається по сходах.
86. Дитина отримує задоволення від руху.
87. Дитина грається з іграшками.
88. Дитина має хорошу велику моторику.
89. Дитина має хорошу дрібну моторику.
90. Дитина вміє різати ножицями.
91. Дитина вміє клеїти.
92. Дитина вміє малювати.
93. Дитина може нанизувати намистинки різного розміру.
94. Дитина впевнено тримає дрібні предмети.
95. Дитина балансує на лінії.
96. Дитина крокує і перекочує всю стопу.
97. Дитина лазить.
98. Дитина стрибає.
99. Дитина може вистояти десять секунд на одній нозі.
100. Дитина впевнено катається на гойдалці.
101. Дитина переступає через предмети, не тримаючись.
102. Дитина проявляє майстерність, коли, наприклад, їй доводиться ухилятися.

103. Дитина свідомо пристосовує свої рухи до ситуації.

104. Дитина показує вміння рухатись по-різному (швидко/повільно).

105. Дитина відчуває форми і матеріали.

106. Дитина зліплює фігури.

107. Дитина може повертати ключ у дверному замку в обох напрямках.

108. Дитина наливає в чашку.

109. Дитина може бігати спиною вперед.

110. Дитина розрізняє ходьбу та біг.

111. Дитина ловить м'яч обома руками.

112. Дитина вправно грає та займається спортом.

113. Дитина використовує своє тіло відповідно до віку.

114. Дитина може зав'язати бантик.

115. Дитина вміє писати власне ім'я або інші слова.

116. Дитина демонструє хорошу координацію в складних послідовностях рухів.

117. Дитині вдається акуратно розфарбовувати.

Математичні та природознавчі компетенції

118. Дитина розпізнає геометричні фігури.

119. Дитина може змайструвати щось за прикладом.

120. Дитина називає написані цифри.

121. Дитина зіставляє кількість та числа.

122. Дитина розбирається з числами в ігровій формі.

123. Дитина вміє рахувати до 20.

124. Дитина домальовує візерунки.

125. Дитина враховує співвідношення розмірів під час малювання.

126. Дитина може розпізнавати форми та предмети в різних зображеннях.

127. Дитина спостерігає за природою.

128. Дитина розпізнає природні явища та описує їх.

129. Дитина цікавиться експериментами.

130. Дитина знає назви тварин.

131. Дитина цікавиться книгами.

132. Дитина реагує, коли її кличуть.

133. Дитина також реагує, навіть коли в групі шумно.

134. Дитина може вказувати напрямок, з якого йде звук.

135. Дитина пояснює, в яку гру вона грає.

136. Дитина розуміє зміст і зв'язки у розповіді.

137. Дитина впізнає знайомі слова, літери
(іменники, надруковані великими літерами на плакатах).

138. Дитина може переказати коротку історію.

139. Дитина правильно вживає артиклі der, die, das у німецькій мові.

140. Дитина будує речення з багатьох слів.

141. Дитина ставить питання з питальними словами.

142. Дитина правильно вживає слова на, під, поруч тощо.

143. Дитина опановує складні мовні конструкції.

144. Дитина називає протилежні поняття.

145. Дитина правильно вимовляє звуки.

146. Дитина може вести розмови.

147. Дитина зіставляє слова із родовими поняттями.

148. Дитина питає про значення слів.

149. Дитина правильно застосовує основні граматичні правила.

150. Дитина говорить чітко.

151. Дитина розповідає про переживання в логічному та
реалістичному порядку.

152. Дитина розрізняє звуки та склади.

153. Дитина може повторювати та доповнювати римівки.

154. Дитина розпізнає римівки.

155. Дитина отримує задоволення від мовлення.

156. Дитина відносить себе до ми.

157. Дитина проявляє інтерес до літер і цифр.

158. Дитина може відповідати на питання «якщо-тоді».

159. Дитина розуміє, що означає ліворуч та праворуч.

160. Дитина може виконувати прості завдання.

161. Дитина може виконати кілька завдань по порядку.

162. Дитина може виконувати складні завдання.

163. Дитина має вичерпний словниковий запас і може використовувати його належним чином.